AF314368

LE PATRIOTE

*Ordine partâ divities, & fortitudo Re-
patriæque facilitas.*

A NANCY.

Et se trouve à Paris,

Chez VALLEYRE pere, rue saint Severin,
à l'Annonciation.

M. D. CC. LXIII.

LE
PATRIOTE.

N projet imprimé intitulé *Richeſſe de l'Etat*, louable dans ſon objet, mais impraticable dans ſon éxecution, *(a)* à cauſe de la difficulté de former les différentes claſſes expliquées dans le Tableau de repartition, & autres vices eſſentiels qui s'y rencontrent, & l'aceuil néanmoins qu'il paroit avoir reçu du public, m'a fait naitre l'idée de mettre au net celui - ci, qui a

---

(a) Les autres projets qui ont paru dépuis, ont été formés à peu prés ſur le même plan que celui de la *Richeſſe de l'Etat*, & preſentent les mêmes difficultés pour l'exécution.

A ij

4

caufe de fa grande fimplicité, doit rencontrer peu d'obftacles : le voici.

Seize millions d'ames que l'on convient qu'il y a en France, (a) engendreront à raifon de 24 liv. par tête 384 millions : à raifon de 36 liv. par tête, ils formeront une maffe de 576 millions ; & enfin une maffe de 768 millions, à raifon de 48 liv. par tête.

Il me femble à ce debut, que j'entens plufieurs s'écrier qu'une partie des habitans fera hors d'état de fournir les 24 liv. les 36 liv. ou les 48 liv. par tête. Encore un peu d'attention, & ils tomberont d'accord avec moi.

Je fuppofe que des 384 millions il en foit impofé moitié, c'eft-à-dire,

____

(a) *Nota.* Suivant le Dénombrement de M. de Vauban, il doit y avoir en France, non compris la Lorraine & autres Provinces qui ont été jointes depuis à la France, 20 millions d'ames ; mais pour éviter tout mécomptes & contradictions , je fuppofe qu'il n'y a en France que 16 millions d'ames,

192 millions fur tous les fonds du Royaume, fans exception & fans avoir égard à aucun rang, qualité ni prééminence des propriétaires ; & je fuis perfuadé que celà n'iroit pas à 10 fols par arpent l'un portant l'autre. (a)

A l'égard des 192 millions faifant l'autre partie des 384, je fuppofe qu'il en foit impofé également par tête indiftinctement & fans exception la moitié, c'eft-à-dire 96 millions, ce qui produira par tête une fomme de fix livres, qui, fuivant les proportions qu'on a coutume de garder dans la répartition de la Taille & Capitation, dégénérera en une fomme fi modi-

---

(a) Quand on pourroit fuppofer que cela iroit à 20 fols par arpent, il s'en faudroit toujours de beaucoup que les propriétaires des fonds fuffent auffi grévés qu'ils le font aujourd'hui par les trois vingtiemes, deux fols pour livre, quatre fols pour liv. fel, taille, capitation, uftenciles, droits d'entrée, droits d'aydes & gabelles, contrôle, infinuation & autres droits à l'infini qu'ils payent.

que pour les Journaliers & les pauvres Artifans qui feroient trop chargés d'enfans, que ces fortes de gens qui font la force & les bras de l'Etat, devenus allegés, multiplieront davantage, & fertiliferont d'autant plus les campagnes par leurs travaux, d'ou il réfultera pour le Roi une plus grande facilité de groffir fes armées au befoin, indépendamment d'une multitude d'autres avantages qui s'enfuivront pour l'Etat.

Quant aux autres 96 millions je fuppofe qu'on les levera aifément, à titre d'induftrie, fur les différens Corps d'Arts & Métiers répandus dans le Royaume.

A cela on pourra ajouter par forme de fuplément, la continuation des droits de Sceau, des grandes & petites Chanceleries & des Sentences, Jugemens & Actes des Notaires, nécessaires pour en constater les dates & l'autenticité, comme aussi la continuation de la ferme des Postes & Messageries, de celle des Amortissemens & francs Fiefs, de celle des Domaines réels du Roi & de sa Couronne, & de celle des Entrées à la frontiére ; & une taxe particuliére annuelle de 24 liv. par tête, pour les Négocians qui font le commerce maritime, la haute Noblesse, les Eccléfiastiques & les Magistrats du second Ordre ; & de 48 liv. par tête pour les Princes, Ducs & Pairs, Magistrats & Ecléfiastiques dignitaires & du premier Ordre (a), & enfin une forte taxe une fois payée par forme de confirmation fur les différentes claffes de

(a) Ce fuplément de 24 liv. & de 48 liv. par téte, paroitra fans doute bien modique, eu égard à la richeffe fuperieure des perfonnes dénommées ci deffus ; mais le refte des Sujets du Roi fe trouvant foulagé à proportion, il eft jufte qu'elles participent à ce foulagement.

Financiers & autres Prépofés jufqu'à ce jour au maniement & recouvrement des déniers de l'Etat, propre à leur faire regorger, en acquit d'autant des dettes de l'Etat, une partie des deniers qu'ils ont accumulés trop facilement au détriment de l'Etat. (*a*)

Refte préfentement la maniere de parvenir à la répartition & collecte des fommes. Mais cette manière fuivant moi eft des plus fimples ; elle doit être précédée, 1°. d'un Dénombrement général & local par chaque Généralité, chaque Election & chaque Paroiffe des ames qui y font, fans exception d'aucune. 2°. D'un

____

(*a*) Cette facilité s'étant trouvée dans l'Etat des chofes, ils en ont profité ; & je crois qu'en cela on auroit tort de les blâmer, parce qu'il eft naturel à un chacun de pouffer fon bénéfice, par les voies légales & autorifées qui lui font ouvertes auffi loin qu'il eft poffible, mais ces gains ayant été exhorbitans, & le Royaume étant épuifé, il paroit raifonnable que le Roi leur en demande une portion pour acquiter d'autant les dettes de l'Etat. J'en connois plufieurs affés généreux pour l'offrir eux-mêmes.

Dénombrement eſtimatif, général, local & exaɕ des fonds du Royaume par chaque Généralité, chaque Election & chaque Paroiſſe, tel qu'il eſt ordonné par les articles premier & cinq de l'Edit du mois d'Avril 1763. 3o. D'un Edit du Roi enrégiſ-tré dans les Cours ſuivant les formes ordinaires , auquel ſera annexé une copie des deux Dénombreinens, dont ſera envoyé des copies collationnées aux Bailliages & Eleɕions du reſſort , pour y être pareillement enregiſtrés , lequel Edit contiendra,, que la maſſe ,, des impoſitions ſera doreſnavant de ,, 24 liv. 36 liv. ou de 48 liv. par tête, ,, ſuivant que les beſoins de l'Etat l'é-,, xigeront, & qu'elle ſera répartie ſui-,, vant leſdits Dénombremens, ſçavoir ,, à raiſon d'un quart ſur les têtes à ti-,, tre de capitation, ſuivant les propor-,, tions qui ont été ou dû être gardées

A iv

,, jufqu'à ce jour, dans la répartition
,, de la capitation ; & de moitié fur les
,, propriétaires des fonds à titre de tail-
,, le, fuivant la quantité qu'ils en pof-
,, federont, & les proportions fixées
,, par le Dénombrement eftimatif des
,, fonds : le tout par les Collecteurs qui
,, feront nommés dans les affemblées
,, des habitans des Paroiffes en la ma-
,, niere accoutumée, à l'effet de quoi
,, fera remis aux Collecteurs par les Of-
,, ficiers des Elections une copie col-
,, lationnée par fragment du Dénombre-
,, ment eftimatif des fonds de la Paroif-
,, fe qui fe trouvera au Greffe : Que
,, l'autre quart fera levé fur les Corps
,, & gens d'Arts & Métiers à titre d'in-
,, duftrie, par les Jurés & gens qui fe-
,, ront par eux prépofés, & par eux ré-
,, parti fur les membres defdits Corps
,, d'Arts & Métiers, à proportion de
,, la richeffe & facultés des membres,

„ & qu'il fera en outre payé , fçavoir,
„ 24 liv. par tête par chacun des Né-
„ gocians qui font le commerce ma-
„ ritime , gens de la haute Noblefle,
„ Ecclefiaftiques, & Magiftrats du fe-
„ cond Ordre , & 48 liv. par tête pour
„ les Princes, Ducs & Pairs, Magiftrats
„ & Ecléfiaftiques dignitaires , & du
„ premier Ordre, à titre de double ca-
„ pitaticn , lefquelles capitation , dou-
„ ble capitation, taille & induftrie, fe-
„ ront levés par les Collecteurs des Pa-
„ roiffes & Jurés & Députés des Corps
„ d'Arts & Métiers , chacun pour ce
„ qui les concernera, à raifon de deux
„ deniers pour livre : Enjoindra aux
„ Collecteurs , Jurés & Prépofés des
„ Corps d'Arts & Métiers , de fe con-
„ former en tout exactement aux difpo-
„ fitions du préfent Edit , à peine d'en
„ répondre en leur propre & privé nom,
„ & même de punition exemplaire &

,, de verser tous les mois dans la caisse
,, du Receveur des Tailles de l'Election
,, les sommes qu'ils auront dû collec-
,, ter; à ceux-ci de les verser pareille-
,, ment tous les mois dans la caisse du
,, Receveur général des Finances de
,, la Généralité; à ces derniers de les
,, verser pareillement tous les mois
,, dans le Tresor Royal : & à M^{rs}. les
,, Procureurs Généraux & leurs Substi-
,, tuts, ainsi qu'à M^{rs}. les Intendans &
,, Commissaires départis & leurs Sub-
,, délégués d'y veiller & tenir la main :
,, Moyennant quoi il sera dit que Sa
,, Majesté décharge de toutes autres
,, impositions généralement quelcon-
,, ques & de tous autres Droits, à l'ex-
,, ception des Droits de Sceau, des
,, grandes & petites Chancelleries, de la
,, Ferme des Postes & Messageries ,
,, Francs-Fiefs & Amortissemens & des
,, droits d'Entrée à la frontiere, qui con-

„ tinueront de fe percevoir comme
„ par le paffé.

Cet Edit rendu, & ces Dénombremens ainfi faits tous les 4 à 5 ans, ou
fi l'on veut tous les ans au mois de
Janvier, il ne s'agira d'autre chofe
finon que le Confeil de Sa Majefté
prenne la peine de faire afficher [a]
dans Paris, & dans chaque Ville de
réfidence des Intendans, tous les
ans un placard contenant par colonnes les 3 1 Généralités du Royaume,
les Elections, les Paroiffes & le nombre des ames ou habitans qui fe

---

(a) L'épuifement actuel des peuples, fuite
du bénéfice immenfe des Traitans & des mo-
nopoles & exactions pratiqués par leurs Prépofés, dans la vue de fe faire cherir & con-
ferver dans leurs emplois, ira toujours en s'ac-
croiffant tant que l'ordre ancien durera & qu'on
n'y fubftituera pas l'unité & la publicité indi-
quées par les affiches ci-deffus, toute autre voie paroit impraticable. On objecteroit en
vain que ces affiches trahiroient le fecret du
Miniftere, parce qu'il fuffit que le Miniftere
continue d'avoir pardevers lui le fecret de la
difpofition des deniers.

trouvent au total dans les 31 Généralités , & en particulier dans chaque
Généralité & dans chaque Election; &
par fuite de cela la fomme que les 31
Généralités au total, & en particulier
chaque Généralité & chaque Election
doivent verfer dans le Tréfor Royal,
à raifon de 24 liv. de 36 liv. ou de
48 liv. par tête : En même tems enjoindre à chaque Intendant de faire
pareillement afficher tous les ans,
tant dans les Villes de leurs réfiden-
ces que dans les autres Villes de la Généralité où font les Siéges des Elections, un Placard qui fera une efpéce
de fragment du précédent , contenant
par colonnes les Elections, & le nombre des ames ou habitans qui fe
trouvent au total dans la Généralité ,
& en particulier dans chaque Election , & par fuite de cela, la fomme que la Généralité au total , &

en particulier chaque Election ,
doivent verfer dans le Tréfor royal :
à raifon de 24 livres , de 36 livres ,
ou de 48 livres par tête : En même
tems enjoindre aux Intendans &
Officiers des Elections de faire pareillement afficher chaque année
dans la Ville où eft le Siége de
l'Election & aux portes des Egli-
fes paroiffiales un Placard qui fera
également une efpece de fragment
du précédent , contenant le nombre
des ames ou habitans qui fe trouvent dans l'Election & la fomme que
l'Election devra fupporter , à raifon
de 24 livres , de 36 livres , ou de
48 livres par tête , & enfuite
par colonnes les Corps d'Arts & Métiers qui s'y trouvent, & la fomme
qu'ils doivent payer à raifon du quart
au total , des 24 livres , des 36
livres , ou des 48 liv. par tête , & en

particulier celle que chacun defdits Corps d'Arts & Métier doit fupporter, pour fa portion dudit quart ; les Paroiffes , le nombre des habitans qui s'y trouvent , & la fomme qui doit être levée fur eux à raifon du qnart des 24 livres, des 36 , ou des 48 livres par tête ; l'énumération des gens de la haute Nobleffe , Négocians qui font le commerce maritime , Eccléfiaftiques & Magiftrats du fecond Ordre qui s'y trouvent,& la fomme qu'ils doivent payer à titre de double capitation ; l'énumération des Princes, Ducs & Pairs, Magiftrats & Eccléfiaftiques dignitaires & du premier Ordre qui s'y trouvent,& la fomme qu'ils doivent payer mais à titre de double capitation; enfin le nombre des fonds,tels que maifons, terres, prés , vignes & bois qui s'y trouvent , & la fomme qu'ils doivent fupporter ſupporter ſuivant le Dénombrement eſtimatif, à raiſon de moitié des 24 liv., des 36 liv. & des 48 liv. par tête.

Enjoindre par un Edit ou autrement, comme il a déjà été obſervé, aux Syndics & habitans des Paroiſſes & aux Collecteurs qui ſeront par eux prépoſés, de repartir comme par le paſſé & d'une maniere exactement proportionnée à la richeſſe & aux facultés des habitans, Communautés & Ordres Séculiers & réguliers, laſomme totale qu'ils devront ſupporter à raiſon du quart des 24 liv., des 36 liv., ou des 48 liv. liv. par tête, & d'en dreſſer un Rôle particulier, qui s'appellera rôle de

---

(a) *Nota.* Il ſera néceſſaire qu'il ſoit fait de ce rôle & de ceux dont il va être parlé ci après, deux doubles qui ſeront cottés & paraphés par le Préſident de l'Election, & le Subdélégué de l'Intendant, l'un deſquels doubles ſera dépoſé au Greffe de l'Election auſſitôt après la confection des rôles.

B

de la Capitation, (*a*) enfuite duquel
on ajoutera les Négocians qui font
le Commerce maritime, les gens
de la haute Nobleſſe, les Eccléſiaſtiques & Magiſtrats du ſecond
Ordre, les Princes, Ducs & Pairs,
Magiſtrats, & Eccléſiaſtiques dignitaires du premier Ordre, qui ſeront
domiciliés dans la Paroiſſe, & la ſomme que chacun d'eux devra payer à titre de double Capitation; & de dreſſer un autre Rôle particulier des propriétaires des fonds de la Paroiſſe, &
de la ſomme que chacun des propriétaires des fonds devra payer par proportion à la quantité qu'il en poſſé-
dera & au produit annuel auquel ils auront été évalués par le Dénombrement
eſtimatif, lequel rôle s'appellera Rôle
des Domaines : (*a*) Comme auſſi en-

____

(*a*) Comme bien des fonds font chargés de
rentes, il ſera néceſſaire que par un Edit enré-
giſtré dans les Cours & Tribunaux, les Propriétaires ſoient autoriſés en payant les rentes, à

joindre, comme il a été déjà observé par un Edit ou autrement, aux Corps d'Arts & Métiers qui font dans les Villes & faubourgs du Royaume (*b*) & aux Jurés & autres par eux prépofés, de faire fur les membres des Corps d'Arts & Métiers, la répartition des fommes qui devront être payées par les Corps d'Arts & Métiers, d'une maniere exactement proportionnée à la richeffe & facultés des membres, & d'en dreffer un rôle en bonne forme, qui s'appellera celle de l'induftrie, & aux Collec-

---

faire fur le montant des rentes une retenue proportionnée à ce qu'ils feront dans le cas de payer pour le terrain.

(*b*) *Nota.* Il y a dans les Villes & Bourgs du Royaume beaucoup de gens d'Arts & Metiers qui ne font pas formés en corps, & qui même feroient en trop petit nombre pour être formés en un corps. Mais on pourroit à l'égard des gens d'Arts & Métiers des Villes un peu confidérables qui font en trop petit nombre pour être formés en corps, les joindre aux autres corps d'Arts & Métiers qui auroient le plus de rapport à eux ; & à l'égard des gens d'Arts & Métiers des petites Villes & Bourgs on pourroit les ranger tous dans un feul & même corps.

teurs des Paroisses & Jurés & Prépo-
sés des Corps d'Arts & Métiers, de
remettre de mois en mois aux Receveurs des Tailles de l'Election les
sommes qu'ils auront dû collecter,
& aux Receveurs des Tailles des
Elections, de les verser également
tous les mois dans la caisse du Receveur général des Finances de la
Généralité: aux Intendans & Officiers
des Elections, d'y tenir la main, &
à ce que les Receveurs généraux des
Finances versent aussi tous les mois
dans le Trésor Royal les sommes
qu'ils auront dans leurs caisses.

Par cette voie simple & claire (a)
on éviteroit absolument toutes con-

______

(a) On croit en effet qu'il etoit difficile de
trouver une autre voye plus simple & plus claire que celle indiquée par le présent projet; &
cette voye seroit aussi juste & aussi exactement proportionnée qu'elle puisse être, parce
que le nombre des ames ou habitans d'un local
est toujours nécessairement proportionné aux
richesses & moyens de subsister qui s'y rencon-
trent.

cuſſions & ſurtaxes : en tout cas, s'il
s'en commettoit, on auroit la voye
ordinaire de ſe pourvoir pardevant
les Officiers des Elections, & par
appel dans les Cours des Aydes,
voyes auxquelles on feroit dans le
cas d'avoir recours d'autant plus ra-
rement qu'une répartition auſſi publique des impoſitions, laiſſeroit ſi
peu d'ouverture à la fraude & à la
concuſſion, que perſonne n'oſeroit
s'y expoſer, & que s'il arrivoit des
ſujets de plaintes & de mécontent-
temens fur les taxes, ce ſeroit ſi peu
de choſe, que cela ne vaudroit pas
la peine d'avoir des procès.

Ainſi d'après ce qui vient d'être
obſervé, il réſulte que preſque ſans
peine, ſans frais, autres queles deux
deniers pour livre qu'on a coûtume
d'accorder aux Collecteurs, ſans véxation, ſans concuſſion ultérieure &

B iij

d'une maniere qui fera prefqu'imper-
ceptible, eu égard à la portion mé-
diocre que chacun devra fupporter,
le Roi aura tous les ans dans fes coffres 384 millions à raifon de 24 livres par tête, ou le double de cette
fomme à raifon de 48 livres par tête,
& ce indépendamment de la continuation des Droits de Sçeau des grandes & petites Chancelleries, & des
Sentences, Jugemens & Actes des
Notaires, & indépendamment auffi
de la continuation de la Ferme des
Poftes, Meffageries, francs Fiefs,
Amortiffemens, domaines réels du Roi
& de fa Couronne, Droits d'entrées à la frontiere, & de la taxe
annuelle & particuliere de 24 livres
par tête fur la haute Nobleffe, les
Négocians qui font le Commerce
maritime, les Eccléfiaftiques & Magiftrats du fecond Ordre; & des 48
livres par tête fur les Princes, Ducs

& Pairs, Magiſtrats, & Eccléſiaſtiques dignitaires du premier Ordre, leſquelles ſommes Sa Majeſté pourra également doubler en cas de beſoin, & de la forte taxe une fois payée par forme de confirmation qu'elle pourra mettre ſur les différentes claſſes actuelles des Financiers, & autres par eux Prépoſés, juſqu'à ce jour au recouvrement des deniers de l'Etat, pour le produit en être employé à l'acquit d'autant des dettes de l'Etat.

Dès lors plus d'autres impoſitions, telles que Taille, Taillon, Uſtanciles, Dixieme, Vingtiémes, 2 ſols pour liv. 4 ſols pour livre, Gabelles, droits d'Aydes, droits de Gros, Congés, Entrées, Péages, Ponts & Chauſſées, droits réputés Domaniaux, Controles, papier & parchemin Timbrés, Inſinuation, Centieme Dénier, Octrois, Patrimoniaux des Villes;

enfin plus de fiſtêmes & d'expediens de finance, plus avantageux aux Trai-tans qu''utiles auSouverain & à l'Etat, & qui annoncés aux peuples par des Edits précipitamment formés,& com-battus néceſſairement par les Cours & les Tribunaux, jettent le trouble & le découragement dans les cœurs des François, & relevent ceux des ennemis de l'Etat.

Par conféquent plus de Fermiers Généraux, de Traitans, de Finan-ciers, de Commis & Employés dans les Aydes & Gabelles, de Rece-veurs, de Contrôleurs, Officiers ſur les Ports, ſur la Marée, & autres de différentes eſpéces, qui multipliés à l'excés, déſolent & allarment ſans ceſſe les habitans des Villes & des camgagnes; plus d'agiot, de con-cuſſion, de peculat, de rapines, plus de faux-ſonages & de contrebandes, qui coutent tous les ans des ſommes

& des frais de justice considérables à une multitude de particuliers, & les Galéres ou la vie à tant de malheureux. Et dès-lors l'âge d'or & cet esprit patriotique qui rendit autrefois les Grecs, les Romains, les Athéniens, les Carthaginois si florissans, feroient revenus; & l'objet que se propose le cœur paternel de Sa Majesté dans le préambule de son Edit du mois d'Avril dernier, de faire cesser le fardeau qui résulte de la multiplicité des impositions & de la manière dont elles sont reparties & perçues, en leur donnant une proporportion juste & constante, se trouveroit rempli. Enfin des-lors nos ennemis commenceroient à nous redouter davantage.

Envain objecteroit-on que tous ces Financiers & leurs suppôts deviendroient sans état. Lorsqu'à la fin d'une guerre le Roi réforme une partie de ſes troupes ; en réſulte - t'il quelqu'inconvenient ? D'ailleurs il ſeroit auſſi déraiſonnable d'être retenu par ce motif, que de laiſſer périr un malade de la gangrene, pour ne pas vouloir tailler la partie gangrenée. Et au ſurplus on pourra offrir aux bas Employés la facilité de s'enrôler dans les troupes du Roi, dans des corps particuliers, créés à cet effet avec qnelque ſolde de plus, ou leur continuer une portion de leurs appointemens , juſqu'à ce qu'il ayent eu le tems de ſe retourner. Les autres trouveront aſſés de reſſources dans leurs fortunes perſonnelles.

Envain objecteroit-on auſſi l'utilité dont ſont les Financiers dans les beſoins de l'Etat, parce que leur fortune & leur crédit, ont ſouvent dans de pareilles circonſtances procuré à l'Etat des ſecours pécuniaires &

prompts ; ce feroit une grande illu-
fion que de s'arrêter à une pareille
objection, parce que les fommes
qu'ils fourniffent à l'Etat, à gros in-
térêts, feroient prefqu'auffitot & auffi
aifement récoltées fur les Sujets du
Roi, fans aucuns frais, par la voie
que j'ai indiquée. En effet, des Edits
adreffés aux Cours, portant augmen-
tation d'un quart ou d'une moitié
en fus, & même en cas de befoin un
doublement (a) des impofitions ordinaires, feroient par elles enregif-

(a) *Nota.* Ce même doublement ordonné &
executé pendant trois années confécutives feule-
ment, pourra fuffire auffi à rembourfer les
dettes actuelles de l'Etat, qu'on dit être de feize
cens millions, produifans 80 millions de rente,
lorfque Sa Majefté jugera convénable de les
rembourfer ; car il eft évident que la taxe ordinaire produiroit avec les autres réferves particuliéres ci-devant obfervées, plus de 500
millions qui par le moïen du doublement for-
meroient au bout de trois ans, une maffe à peu
près équivalente aux dettes.

trés auffitôt, vû l'aifance qui fe-trou-
veroit parmi le peuple, & la certitude
qu'elles auroient que la totalité en-
treroit dans les coffres du Roi, &
auroient en moins de trois mois, au
moien de la prompte levée qu'on
enjoindroit, procuré des reffources
beaucoup plus confidérables, fans
que les peuples fe trouvaffent beaucoup plus grevés, & certainement à
beaucoup près autant qu'ils le font
à préfent.

D'ailleurs on fuppofe que la taxe
ordinaire produiroit, avec les autres
réferves particuliéres ci-devant obfervées, plus de 500 millions dans
les coffres du Roi. Et vraifembla-
blement une fomme auffi confidé-
rable, qui excede le produit des taxes
actuelles, pourroit fuffire à tous les
befoins ; & le zéle & l'amour con-
nu des Sujets du Roi pour leur

Prince & bien de l'Etat, suppléroit à tout.

Ce qu'il y a de certain c'est que dans l'état actuel des choses les Sujets du Roi, quelque exactitude & quelques lumiéres qu'on suppose aux Intendans & Commissaires departis plient, contre le gré du cœur bienfaisant de Sa Majesté & de ses Ministres, ainsi que plusieurs Edits & Déclarations émanés du Trône dans ces derniers tems le font connoître, sons le poids des impôts, sans que le Roi en ait beaucoup plus d'argent dans ses coffres, parce qu'il est impossible, dans l'état actuel des choses, que les Ministres de Sa Majesté & les Intendans & Commissaires départis puissent jamais veiller suffisamment à ce nombre considérable de Financiers, de Commis & Employés en tout genre qui inondent les Provinces. ,, Je vis, dit un célebre Ministre,

,, avec une horreur qui augmenta
,, mon zéle , que pour 30 millons ,
,, qui revenoient au Roi, il en fortoit
,, de la bourfe des particuliers, [j'ai
,, prefque honte de le dire] 140 mil-
,, lions la chofe me paroiffoit incroya-
,, ble, mais à force de travail j'en affu-
,, rai la vérité.(*M. de Sully année* 1598
p. 296 *édition de* 1752.) d'un autre cô-
té, ce qu'il y a de vrai & de palpable,
c'eft qu'en général les différens droits
que fe perçoivent fur les objets de con-
fommation des citoyens , furpaffent
l'un portant l'autre la moitié de leur
valeur intrinfeque. D'après cela
qu'on fuppofe que les objets de con-
fommation de chacun des habitans qui
couvrent la furface de la France, fe
montent l'un portant l'autre à 200
francs par an(c'eft les mettre à bien bas
prix) cela engendrera,en ne fuppofant
que 16 millons d'habitans en France ,
une fomme de trois milliars 200

millions dont la moitié fera 16 cens millions : c'eſt donc tous les ans au moins 16 cens millions qui ſe perçoivent ſur les Sujets du Roi, non compris peut-être un quart en ſus dont on greve les malheureux par des exécutions & ventes de leurs meubles & beſtiaux, & des frais de Juſtice; Or de cette ſomme combien en entre-t'il dans les coffres du Roi? Environ un quart au plus, & le ſurplus ſert à enrichir les Financiers & leurs Prépoſés. Qu'en reſulte t'il? Ce qu'il en réſulte, c'eſt une quantité de fortunes immenſes & précipitées de Traitans & Officiers comptables des deniers publics, qui font enſuite valoir leur argent à gros intérets, & ſemblent inſulter à la miſére des autres Sujets du Roi, & à ſa bonté & ſa tendreſſe paternelle pour ſon peuple par l'excès de leur luxe & de leurs richeſſes, tandis que le ſurplus des

Sujets du Roi est dans un abatte-
ment & un épuisement qui abâtar-
dissent la Nation, & empéchent la
population & l'exercice des Arts &
du commerce, qui sont la force,
& le nerf de l'Etat; Au lieu que
par l'effet de l'imposition & percep-
tion simple, facile & publique que
j'annonce, tout rentre dans la régle
& dans l'ordre, & en assurant au Roi
Bien-aimé qui nous gouverne des
ressources d'autant plus abondantes
qu'il pourra sans bruit, sans véxation
& sans surcharges les augmenter
d'un quart ou d'une moitié, ou même les doubler en cas de besoin,
assure en même tems au peuple une
aisance honnête, capable de stabiliser
de plus en plus le trône du Roi, sa
gloire & celle de l'Etat, & de le
rendre d'autant plus redoutable à ses
ennemis.

F I N.

9 782329 587561